LOI DU 5 AVRIL 1928

SUR LES

ASSURANCES SOCIALES

LOI DU 5 AVRIL 1928

SUR LES

ASSURANCES SOCIALES

(*Journal Officiel* du 12 avril 1928)

Le Sénat et la Chambre des députés ont adopté,
Le Président de la République promulgue la loi dont la teneur suit :

TITRE Ier

Assurance obligatoire

Article premier. — 1. Les assurances sociales couvrent les risques maladie, invalidité prématurée, vieillesse, décès et comportent une participation aux charges de famille, de maternité et de chômage involontaire par manque de travail, dans les conditions déterminées par la présente loi.

2. Sont affiliés obligatoirement aux assurances sociales tous les salariés des deux sexes dont la rémunération totale annuelle, quelle qu'en soit la nature, à l'exclusion des allocations familiales, ne dépasse pas 18.000 fr. Le chiffre-limite est augmenté de 2.000 fr. par enfant à partir du deuxième à la charge de l'assuré, au sens fixé par l'article 20 de la présente loi ; il est diminué de 3.000 fr. pour les salariés sans enfant à charge.

Les métayers travaillant d'ordinaire seuls ou avec l'aide des membres de leur famille, conjoint, ascendants ou descendants et ne possédant aucune partie du cheptel, sont assimilés aux salariés.

Les propriétaires de corps de biens donnés à métayage sont assimilés aux employeurs.

3. L'affiliation s'effectue obligatoirement et sous les sanctions prévues à l'article 64, à la diligence de l'employeur, dans le délai de huitaine qui suit l'embauchage. Elle est opérée dans le département par les soins de l'office des assurances sociales qui immatricule l'assuré et lui délivre une carte individuelle d'assurances sociales.

4. Les salariés étrangers ayant leur résidence réelle et permanente en France sont assurés comme les salariés français ; mais ils ne bénéficient pas des allocations et des fractions de pensions imputables sur le fonds de majoration et de solidarité créé par la présente loi.

Art. 2. — 1. Les ressources des assurances sociales sont constituées, en dehors des contributions de l'Etat, par un versement égal à 10 p. 100 du montant global des salaires jusqu'à concurrence du maximum de

15.000 fr. : 5 p. 100 à la charge de l'assuré retenus lors de sa paye et au moins une fois par mois, 5 p. 100 à la charge de l'employeur à qui incombe, quelle que soit la durée d'occupation du salarié, sous les sanctions prévues à l'article 64, le versement de cette double contribution, sous forme de vignettes, timbres, timbres mobiles, chèques postaux ou autre mode de libération à déterminer par le règlement général d'administration publique prévu par l'article 73 de la présente loi.

2. Le versement de cette double contribution est effectué dans les dix premiers jours de chaque mois, pour les salaires payés au cours du mois précédent. Toutefois, les exploitants agricoles, affiliés à une mutuelle agricole régie par la loi du 4 juillet 1900 ou à un syndicat agricole autorisés à cet effet, auront la faculté d'opérer, directement ou par l'intermédiaire de cette mutuelle ou de ce syndicat, le versement de la double contribution, dans les quinze premiers jours de chaque trimestre, pour les salaires payés au cours du trimestre précédent. Suivant le cas, le décompte du nombre ou du montant des cotisations ouvrant droit à l'assurance sera arrêté à la fin du mois ou du trimestre qui précèdent le début de la maladie ou l'accident. En vue de faciliter l'application de la loi, la faculté prévue pour les exploitants agricoles pourra, dans les conditions et sous les garanties déterminées par le règlement général d'administration publique, être accordée aux employeurs du commerce et de l'industrie qui devront, dans ce cas, verser mensuellement une provision suffisante.

3. Le règlement général d'administration publique déterminera les règles d'évaluation des salaires et spécialement du salaire des assurés qui travaillent à façon, aux pièces, à la tâche, à domicile, qui sont rémunérés suivant le chiffre d'affaires ou ne travaillent qu'une seule fois ou par intermittence pour le compte d'un même employeur, quand la durée de chaque période de travail est de moins d'une journée ; il déterminera le mode de perception des cotisations afférentes à ces salaires.

4. Quand le salaire agricole n'est pas acquitté périodiquement ou uniquement en espèces, il lui sera substitué le salaire moyen journalier fixé dans les conditions prévues pour l'application de l'article 8 de la loi du 15 décembre 1922 sur les accidents agricoles. C'est sur ce salaire journalier que seront calculées la cotisation de l'assuré et la contribution de l'employeur correspondant à une journée de travail. C'est sur ce même salaire journalier que seront calculées les contributions des métayers assimilés aux salariés et des propriétaires de fonds.

5. Le travailleur à domicile rémunéré à façon, aux pièces ou à la tâche, si lui-même est assuré obligatoire vis-à-vis du fabricant pour le compte duquel il travaille, n'est point tenu au versement des contributions patronales afférentes à l'emploi des ouvriers qui travaillent avec lui pour ledit fabricant. Ces contributions sont à la charge de ce même fabricant.

6. La contribution de l'employeur reste exclusivement à sa charge, toute convention contraire étant nulle de plein droit.

7. Aux versements obligatoires, les salariés ou leurs employeurs peuvent ajouter, sans limitation de valeur, des versements facultatifs qui donnent droit à des avantages supplémentaires.

8. Les assurés agriculteurs qui, en dehors des cas prévus à l'article 21, ne se livrent que par intermittence à un travail salarié pourront

effectuer des versements facultatifs afférents aux journées qui n'ont pas donné lieu à rémunération sans cesser d'être considérés comme des assurés obligatoires, à condition qu'ils justifient annuellement d'au moins 120 jours de travail salarié et que ces versements soient au moins égaux, pour chaque journée de travail, à 10 p. 100 du salaire moyen journalier défini au paragraphe 4 du présent article.

Art. 3. — 1. L'assujettissement obligatoire aux assurances sociales cesse à l'âge de soixante ans. Le salarié a la faculté d'ajourner, d'année en année, la liquidation de ses droits à la retraite jusqu'à soixante-cinq ans. Il demeure, dans cette situation, assuré contre les divers risques, s'il continue à travailler.

2. L'assuré retraité pour vieillesse qui continue à travailler est exonéré de la retenue de 5 p. 100.

3. La contribution patronale de 5 p. 100 est due pour l'emploi : a) de tout salarié français ou étranger dont la retraite, constituée sous un régime résultant de dispositions légales ou réglementaires, est liquidée ou en instance de liquidation ; b) de tout salarié français ou étranger âgé de soixante ans, ou plus, qui ne bénéficierait d'aucune retraite constituée dans ces conditions.

4. Cette contribution est versée au fonds de majoration et de solidarité sous les sanctions prévues à l'article 64, dans les formes et les délais fixés par le règlement général d'administration publique.

Risque maladie

Art. 4. — 1. L'assurance-maladie couvre les frais de médecine générale et spéciale, les frais pharmaceutiques et d'appareils, les frais d'hospitalisation et de traitement dans un établissement de cure et les frais d'interventions chirurgicales nécessaires, pour l'assuré, son conjoint et leurs enfants non salariés de moins de seize ans, selon les modalités suivantes :

2. L'assuré choisit librement son praticien.

3. Les consultations médicales sont données au domicile du praticien, sauf lorsque l'assuré ne peut se déplacer en raison de son état. Toutefois, pour les visites à domicile, le choix de l'assuré est limité aux médecins ou aux sages-femmes de la commune où il réside. S'il n'y a pas de praticiens domiciliés dans la commune de l'assuré, celui-ci choisit parmi les praticiens résidant dans la commune la plus rapprochée. Au cas où il désire faire appel à un autre praticien ou, en général, à tout praticien demandant des honoraires supérieurs à ceux des tarifs locaux prévus au paragraphe suivant, le supplément de frais pouvant résulter de l'appel de ce praticien est laissé à la charge de l'intéressé.

4. Les prestations en nature, soit à domicile, soit dans un milieu hospitalier ou technique, sont réglementées d'après des conventions et évaluées, compte tenu des tarifs syndicaux ordinaires, suivant des tarifs locaux résultant les uns et les autres, de contrats collectifs intervenus entre les caisses et les syndicats professionnels.

5. Leur montant est supporté par la caisse ou remboursé par elle à l'assuré suivant les conditions déterminées dans les contrats. La participation de l'assuré aux frais médicaux, en dehors des suppléments de

frais visés au paragraphe 3 ci-dessus, est fixée par la caisse entre 15 et 20 p. 100 et réalisée également suivant le mode prévu auxdits contrats. Le taux de la participation aux frais pharmaceutiques et autres est uniformément fixé à 15 p. 100. Le règlement général d'administration publique déterminera les conditions d'exécution des présentes dispositions.

6. Après expérience d'au moins deux années, toute caisse d'assurances pourra être autorisée, sur sa demande et après avis favorable de la section permanente du conseil supérieur des assurances sociales, à réduire le pourcentage de participation des assurés aux prestations en nature, ainsi que le délai de carence prévu à l'article 5. Le fonds de majoration et de solidarité pourra être appelé à participer aux dépenses résultant de la diminution du pourcentage des assurés.

7. Les prestations en nature sont dues à partir de la date du début de la maladie ou du traitement de prévention, qui est celle de la première constatation médicale et pendant une période de six mois.

8. Toute rechute survenue dans les deux mois de l'affection est considérée comme la continuation de la maladie primitive.

9. L'assuré dont l'état nécessite des soins préventifs peut se prévaloir des dispositions des paragraphes 1er et 7 ci-dessus.

Art. 5. — 1. Si l'assuré malade ne peut, d'après attestation médicale, continuer ou reprendre le travail, il a droit, à partir du sixième jour qui suit le début de la maladie ou de l'accident, et jusqu'à la guérison ou jusqu'à l'expiration des six mois prévus à l'article 4, à une indemnité par jour ouvrable égale au demi-salaire moyen quotidien. Le chiffre de ce salaire moyen est obtenu en divisant par 300, soit le montant du salaire annuel résultant des cotisations payées dans les douze mois qui ont précédé la maladie, soit celui d'un ouvrier de même profession travaillant dans les mêmes conditions.

2. L'indemnité journalière sera majorée jusqu'à concurrence de 60 p. 100 du salaire, lorsque celui-ci, rapporté à un travail normal pour l'année, n'atteindra pas un minimum déterminé annuellement par décret. Ce décret fixera, après avis de la section permanente du conseil supérieure des assurances sociales, les conditions d'attribution de cette majoration, dont le taux variera suivant une échelle inverse au chiffre du salaire et qui pourra être, en tout ou en partie, à la charge du fonds de majoration et de solidarité.

3. Pour avoir droit ou ouvrir droit aux prestations en nature et en argent, l'assuré devra avoir cotisé réglementairement, au début de l'application de la loi, vingt jours durant le mois précédant la maladie, et à partir du quatrième mois, soixante jours durant les trois mois antérieurs.

4. La caisse d'assurances verse, pour chaque jour ouvrable, au compte de l'assuré à qui elle sert une indemnité, la moitié de la fraction de cotisation qui devra être affectée au risque-vieillesse. Cette fraction est calculée d'après la moyenne des cotisations inscrites au compte de l'assuré, au cours des douze mois qui ont précédé la maladie et sur la base de trois cents jours.

Art. 6. — 1. L'assuré a droit aux consultations et aux traitements dans les dispensaires, cliniques, établissements de cure et de prévention dépendant de la caisse d'assurances dont il reçoit les secours de maladie ou ayant passé des contrats avec elle.

2. En cas d'hospitalisation, les frais supportés par la caisse seront contenus dans des limites qui ne dépasseront pas les tarifs pratiqués dans les établissements hospitaliers de l'assistance publique à l'égard des malades admis sous le régime de l'assistance médicale gratuite ou des accidentés du travail admis sous le régime de la loi du 9 avril 1898.

3. L'allocation à laquelle l'assuré peut prétendre est réduite, en cas d'hospitalisation :

Du tiers, si l'assuré a un ou plusieurs enfants de moins de seize ans, ou bien s'il a un ou plusieurs ascendants à sa charge ;

De la moitié, si l'assuré est marié sans enfant ni ascendant à sa charge ;

Des trois quarts, dans tous les autres cas.

Art. 7. — 1. La caisse exerce un contrôle général sur l'ensemble des services, les administrations hospitalières sur leurs établissements. Les syndicats professionnels contrôlent eux-mêmes, soit sur la demande de la caisse, soit sur leur initiative, la façon dont les services techniques sont assurés.

2. Tout bénéficiaire de l'assurance-maladie doit se prêter aux contrôles institués dans les conditions prescrites par le règlement général d'administration publique. L'intéressé peut toutefois exiger qu'ils s'effectueront en présence du médecin traitant. En cas de refus constaté, les prestations sont suspendues et notification en est faite à l'intéressé.

3. Si une contestation s'élève entre l'assuré et le médecin, en ce qui concerne l'état du malade, ou si la caisse estime qu'un nouvel examen s'impose, cet état est apprécié par une commission technique composée du médecin traitant, d'un médecin désigné, suivant les cas, soit par l'assuré, soit par la caisse, et d'un médecin choisi par le juge de paix. S'il s'agit d'incapacité permanente, ce troisième médecin sera un médecin expert désigné par le président du tribunal civil.

4. En cas d'abus, la caisse poursuit le remboursement des frais inutiles.

5. Les conventions passées entre la caisse et les syndicats professionnels de praticiens et avec les établissements de soins sont soumises à une commission tripartite, fonctionnant au chef-lieu, composée par tiers, de représentants des caisses, des groupements professionnels et, pour le dernier tiers, de représentants de l'office des assurances sociales. Sauf pour le contrôle du service médical, elle est chargée, en outre, de prévenir et de régler les difficultés dans les divers services ou entre eux, et de prendre toutes les sanctions nécessaires, avec appel devant la section permanente du conseil supérieur des assurances sociales. En particulier, elle arbitrera, sous réserve d'appel devant la section permanente, les litiges qui naîtraient, entre les parties contractantes, de l'application desdites conventions.

Art. 8. — 1. Ne donnent pas lieu aux prestations en nature et en argent, sous réserve de l'application de l'article 60 ci-après : les maladies et blessures indemnisées par application des dispositions légales relatives aux accidents de travail,

2. Ne donnent pas lieu aux prestations en argent : les maladies, blessures ou infirmités résultant de la faute intentionnelle de l'assuré.

3. Les blessures et les maladies visées par la législation sur les pensions militaires sont garanties suivant les conditions fixées aux articles 51 et 54.

Maternité

Art. 9. — 1. Au cours de la grossesse et des six mois qui suivent l'accouchement, l'assurée et la femme de l'assuré bénéficient des prestations médicales et pharmaceutiques dans les conditions et limites fixées par les articles 4 et 5.

2. Six semaines avant l'accouchement, six semaines après, l'assurée jouit de plein droit de l'indemnité journalière visée à l'article 5, à la condition qu'elle cesse tout travail salarié durant cette période et qu'elle ait cotisé réglementairement soixante jours pendant les trois mois qui ont précédé l'état de grossesse. Pour le calcul du salaire annuel, il est fait état des cotisations payées dans les douze mois antérieurs à cette grossesse.

3. En cas de grossesse pathologique de l'assurée, entraînant applicacation des assurances maladie, invalidité, l'assurance-maladie court à partir de la constatation de l'état morbide. Les dispositions de l'article 10 reçoivent application six mois après l'accouchement.

4. L'assurée qui allaite son enfant et qui remplit les conditions fixées par l'article 5, paragraphe 3, a droit, durant la période d'allaitement et pendant un an au maximum, à une allocation mensuelle spéciale de 100 fr., pendant les deux premiers mois, de 75 fr. le troisième, de 50 fr. du quatrième au sixième, de 25 fr. du septième au neuvième, de 15 fr. du dixième au douzième.

5. L'assurée qui, par suite d'incapacité physique ou de maladie, est dans l'impossibilité constatée par le médecin d'allaiter complètement son enfant peut, si l'enfant est élevé chez elle, recevoir, pour la durée et pour les quantités indiquées par le médecin, des bons de lait, dont la valeur n'excédera, dans aucun cas, les deux tiers de la prime d'allaitement.

6. Le payement des allocations ci-dessus visées est subordonné à l'observation, par la bénéficiaire, des prescriptions qui doivent être faites par la caisse d'assurances, notamment en ce qui concerne les visites périodiques à domicile et la fréquentation régulière des consultations maternelles et des consultations de nourrissons.

Risque invalidité

Art. 10. — 1. L'assuré qui, à l'expiration du délai de six mois, prévu à l'article 4, ou en cas d'accident, après consolidation de la blessure, reste encore atteint, suivant attestation médicale, d'une affection ou d'une infirmité réduisant au moins des deux tiers sa capacité de travail a droit, d'abord, à titre provisoire, puis, s'il y a lieu, à titre définitif, à une pension d'invalidité.

2. Jusqu'à l'établissement d'un nouveau barème, le degré d'invalidité est estimé provisoirement d'après le barème en usage pour l'appli-

cation de la loi du 31 mars 1919 sur les pensions, complété ou modifié, par arrêté du ministre du travail, après avis de la section permanente du conseil supérieur des assurances sociales.

3. Si l'assuré conteste le pourcentage d'incapacité qui lui a été notifié dans les formes à fixer par décret ou si la caisse estime qu'un nouvel examen de son dossier est nécessaire, l'état d'incapacité est apprécié par la commission technique, prévue à l'article 7, paragraphe 3, avec appel devant la section permanente du conseil supérieur des assurances sociales.

4. Pour l'assuré affilié avant l'âge de trente ans, la pension est égale à 40 p. 100 au moins du salaire annuel moyen résultant des cotisations obligatoires payées chaque année et depuis l'âge de seize ans, si l'assuré a dépassé cet âge. Ce taux est augmenté, jusqu'à concurrence de 50 p. 100, de 1 p. 100 du salaire pour chaque année d'assurance en plus de trente ans et correspondant au minimum de 240 jours de travail.

5. Pour l'assuré qui est immatriculé après trente ans, ladite pension de 40 p. 100 est réduite d'un trentième par année ou par fraction d'année d'âge, comprise entre trente ans et l'âge d'entrée, si l'assuré compte au moins six ans de versements. Dans le cas contraire, les dispositions du paragraphe 7 seront appliquées.

6. Pour l'assuré qui ne compte pas trente années entières d'assurance et qui, après l'âge de trente ans, a interrompu ses versements pendant une année ou plus, la pension d'invalidité est réduite d'un trentième par année d'interruption ou par fractions réunies d'année équivalant au moins à une année entière.

7. Pour les assurés âgés de trente ans ou plus au début de l'application de la loi et qui, depuis sa mise en vigueur, auront effectué chaque année, sur les salaires professionnels qui constituent leurs principales ressources, les versements obligatoires sur la base de deux cent quarante jours par an, la pension ne sera pas inférieure à 1.000 fr., si les intéressés justifient d'au moins six années de versements. Ce chiffre sera diminué de 100 fr. par année au-dessous de six, sans que le chiffre de la pension puisse descendre au-dessous de 600 fr. ou dépasser les deux tiers du salaire de base. Au delà de six années de versements, la pension sera calculée comme il est dit au paragraphe 5.

8. Quand le salaire est inférieur au minimum visé à l'article 5, le taux servant de base au calcul de la pension sera majoré à l'aide des ressources du fonds de majoration et de solidarité et dans les conditions visées à l'article précité jusqu'à concurrence d'un maximum de 10 p. 100 du salaire suivant une échelle inverse au chiffre de celui-ci.

Art. 11. — Pour invoquer le bénéfice de l'assurance-invalidité, l'assuré doit être immatriculé depuis deux ans au moins avant la maladie et par suite posséder à son compte les versements correspondants au moins à quatre cent quatre-vingts jours de travail durant les deux ans précédant le début de l'affection ou l'accident.

Art. 12. — 1. La pension d'invalidité est fixée, à titre provisoire, pour une durée de cinq années.

2. Pendant cette période, l'assuré bénéficie des dispositions de l'article 4, en ce qui concerne les soins médicaux et pharmaceutiques. Les règles fixées par l'article 6, paragraphe 3, sont applicables.

3. Pendant cette même période, et sous peine de voir sa pension suspendue, le pensionné doit se soumettre aux visites médicales qui, à toute époque, peuvent être demandées par la caisse d'assurances. On considérera qu'il y a refus d'examen, si l'invalide ne répond pas à la convocation par lettre recommandée du médecin de la caisse ou s'oppose à la visite de celui-ci, s'il s'agit d'un invalide ne pouvant quitter la chambre.

4. Les frais de déplacement de l'assuré ou du pensionné, qui, pour répondre à la convocation du médecin désigné par la caisse ou de l'expert médical, doit quitter la commune où il réside, sont à la charge de la caisse. Le tarif de ces frais sera fixé par département dans les conditions arrêtées par décret, après avis de la commission tripartite prévue à l'article 7, paragraphe 5.

5. La pension est supprimée si la capacité de travail devient supérieure à 50 p. 100. Cette suppression prend effet de la date de la constatation médicale.

6. A l'expiration de la période provisoire de cinq années et après expertise médicale la pension est consolidée. Toutefois, après un nouveau délai de cinq ans, le pensionné devra, sur la demande de la caisse, se soumettre à une dernière expertise médicale.

7. Si le titulaire d'une pension d'invalidité travaille, la fraction de cotisation affectée à l'assurance-invalidité est portée à un compte individuel d'assurance-vieillesse.

8. Un décret fixera chaque année la fraction de cotisation à affecter à la couverture des pensions d'invalidité, d'après des tables tenant compte de la probabilité d'entrée en invalidité aux divers âges et de la mortalité des invalides.

9. La rente viagère d'assurance-vieillesse du titulaire d'une pension d'invalidité est liquidée, soit normalement à l'âge de soixante ans, soit, avec une réduction, dès la liquidation définitive de la pension d'invalidité en cas d'incapacité permanente et absolue de travail. Elle entre en compte dans le chiffre de la pension d'invalidité.

Risque-vieillesse

Art. 13. — 1. L'assurance-vieillesse garantit une pension de retraite au salarié, qui a atteint l'âge de soixante ans.

2. L'assuré peut ajourner jusqu'à soixante-cinq ans la liquidation de sa pension. Pour les assurés de la période transitoire, un délai minimum de cinq ans de versements est exigé pour ouvrir le droit à la pension de retraite, sans toutefois que l'entrée en jouissance puisse être retardée au delà de soixante-cinq ans.

Art. 14. — 1. Sur le montant de la double contribution prévue à l'article 2, il est affecté à la constitution d'une rente viagère de vieillesse, au profit de l'assuré, une somme fixée annuellement par décret et qui ne sera pas inférieure à 3 1/2 p. 100 pour les assurés ayant atteint ou dépassé trente ans et à 2 p. 100 pour les assurés n'ayant pas atteint cet âge. Les versements sont capitalisés à un compte individuel d'assurance à capital aliéné ou réservé, au gré de l'assuré.

2. Les tarifs d'assurance-vieillesse sont calculés, dans les conditions déterminées par le règlement général d'administration publique, d'après le taux d'intérêt des placements et, provisoirement, suivant la table de mortalité de la population masculine et féminine, établie par la statistique générale de la France, table dite P. M. F.

3. Le taux d'intérêt des tarifs est gradué par chiffre pair de décimes. Les tarifs comportent des prorata au décès. Ils ne comprennent que des âges entiers, les versements étant considérés comme effectués par les intéressés à l'âge qu'ils ont accompli au cours de l'année dans laquelle les versements sont reçus par l'organisme d'assurance.

4. Les tarifs ne comportent pas de chargement pour les frais d'administration des divers organismes ; ceux-ci sont couverts par le fonds de majoration et de solidarité.

Art. 15 .— 1. Pour tout assuré pouvant justifier à l'âge de soixante ans, ou jusqu'à l'âge de soixante-cinq ans, d'au moins trente années entières de versements correspondant chacune à un minimum de deux cent quarante jours de travail, la pension de vieillesse ne sera pas inférieure à 40 p. 100 du salaire moyen annuel, résultant des cotisations obligatoires payées chaque année depuis l'âge de seize ans.

2. Quand le salaire est inférieur au minimum visé à l'article 5, le taux servant de base au calcul de la pension sera majoré à l'aide des ressources du fonds de majoration et de solidarité, et dans les conditions fixées à l'article précité, jusqu'à concurrence d'un maximum de 10 p. 100 du salaire suivant une échelle inverse au chiffre de celui-ci.

3. Pour les assurés de la période transitoire qui, depuis la mise en vigueur de la loi, auront effectué chaque année sur les salaires professionnels qui constituent leurs principales ressources les versements correspondant au moins à deux cent quarante jours de travail, la pension de vieillesse, calculée conformément aux paragraphes 1er et 2, sera égale à autant de trentièmes de la pension normale que l'assuré aura effectué d'années de versements, sans que le chiffre puisse être inférieur à 600 fr. Pour le calcul du minimum, les versements sont considérés comme effectués à capital aliéné.

4. Les assurés âgés de cinquante-cinq à moins de soixante ans au moment de la mise en vigueur de la présente loi peuvent, s'ils ont effectué les versements fixés, tant par la loi du 5 avril 1910 que par la présente loi, et s'ils renoncent au bénéfice du paragraphe 3 du présent article ou de l'article 13, paragraphe 2, obtenir à soixante ans l'allocation viagère de l'Etat et les bonifications auxquelles ils auraient eu droit sous le régime des retraites ouvrières.

Art. 16. — La pension est payable par trimestre échu. Les arrérages sont dus à partir du premier jour du mois qui suit celui au cours duquel l'assuré a atteint l'âge servant de base à la liquidation.

Art. 17. — L'assuré peut demander la liquidation anticipée de sa pension à partir de l'âge de cinquante-cinq ans, s'il a versé pendant vingt-cinq ans au moins depuis l'âge de seize ans. Toutefois, les minima garantis sont l'objet d'une liquidation ramenée à ce même âge et réduits en conséquence.

Art. 18. — L'assuré qui réclame la liquidation de sa pension de vieillesse à capital aliéné peut demander :

a) D'affecter la valeur du capital de sa rente viagère, pour la partie excédant 1.000 francs, à l'acquisition d'une terre ou d'une habitation, qui deviendra inaliénable et insaisissable dans les conditions déterminées par la législation sur la constitution d'un bien de famille insaisissable. Ce remploi est subordonné à l'acceptation de la caisse d'assurance et doit être effectué sous son contrôle ;

b) Que le capital représentatif de sa pension serve à la constitution d'une rente réversible pour moitié sur la tête de son conjoint survivant, avec jouissance pour ce dernier au plus tôt à cinquante-cinq ans. Dans ce cas, la pension subira une réduction qui sera calculée d'après les tables et tarifs déterminés par le règlement général d'administration publique et de telle manière qu'il n'en résulte pour la caisse aucune charge supplémentaire.

Risque-décès

Art. 19. — 1. L'assurance-décès garantit aux ayants droit de l'assuré le payement, à son décès, d'un capital fixé à 20 p. 100 de son salaire annuel moyen, évalué comme il est dit à l'article 10, paragraphe 4.

2. Ce capital ne sera pas inférieur à 1.000 fr., lorsqu'il s'agit d'un assuré qui a régulièrement effectué les versements annuels. Toutefois, ce capital ne pourra dépasser les deux tiers du salaire moyen annuel du décédé.

3. Le versement du capital sera fait au conjoint survivant ou aux descendants ou, à leur défaut, aux ascendants qui étaient, au jour du décès, à la charge de l'assuré.

4. Pour ouvrir le droit à l'assurance-décès, l'assuré doit, depuis la mise en vigueur de la loi, compter au moins une année de versements.

5. Les ayants droit de l'assuré qui est déchu du bénéfice de l'assurance-maladie ne peuvent prétendre aux prestations de l'assurance-décès. Toutefois, ils ont droit au remboursement de la fraction de cotisation affectée à l'assurance-décès pendant l'année qui a précédé le décès.

Charges de famile

Art. 20. — 1. Les assurances sociales contribuent aux charges de famille de l'assuré, à l'aide d'allocations payées par le fonds de majoration et de solidarité.

2. Par charges de famille, on entend les enfants de plus de six semaines et de moins de seize ans, non salariés, à la charge de l'assuré, qu'ils soient légitimes, naturels, reconnus, recueillis ou adoptifs.

3. Les allocations sont dues en cas de maladie, d'invalidité, de grossesse ou de décès et représentent pour chaque enfant :

1° Une majoration de l'indemnité journalière égale à 50 centimes ;

2° Une majoration de pension d'invalidité fixée à 100 fr. par an ;

3° Une majoration du capital au décès égale à 100 fr.

4. Lorsque, dans une famille, le mari et la femme ont droit en même temps aux prestations des assurances, il n'est attribué qu'une majoration pour charges de famille.

5. Les veuves des assurés ayant au moins trois enfants vivants, légitimes ou reconnus, de moins de treize ans, ont droit à une pension temporaire d'orphelin pour chacun de leurs enfants de moins de treize ans au delà du second.

Lorsque les enfants d'un assuré ou d'une assurée sont orphelins de père et de mère, chacun de ceux d'entre eux qui sont âgés de moins de treize ans a droit à une pension temporaire d'orphelin. .

Sont assimilés aux enfants de moins de treize ans, ceux de moins de seize ans pour lesquels il sera justifié qu'il a été passé un contrat écrit d'apprentissage ou qu'ils sont infirmes ou atteints d'une maladie incurable, sauf le cas où ils seraient hospitalisés aux frais de l'Etat, du département ou de la commune.

Ces dispositions ne s'appliquent qu'aux assurés ayant versé au moins une année de cotisation.

6. Les pensions d'orphelins prévues par la présente loi se cumulent avec les allocations de la loi du 14 juillet 1913 et avec celles de la loi du 22 juillet 1923, mais elles ne se cumulent pas avec les pensions versées par l'Etat, les départements ou les communes aux orphelins de leurs fonctionnaires et employés. Dans le cas, toutefois, où les pensions versées par l'Etat, les départements ou les communes seraient inférieures aux pensions d'orphelins prévues par la présente loi, les orphelins ou leurs ayants droit recevraient la différence existant entre les deux catégories de pensions.

7. Le montant des pensions d'orphelins prévues par la présente loi ne peut être inférieur à 90 fr. par an et par enfant bénéficiaire de ladite pension.

8. Les pensions d'orphelins ci-dessus visées seront soumises aux règles d'application prévues par le paragraphe 4 de l'article 1er et par les articles 4 et 6 de la loi du 22 juillet 1923.

Chômage

Art. 21. — 1. La garantie contre le chômage est accordée dans les conditions déterminées ci-après à tout assuré obligatoire de nationalité française ayant un contrat de travail, et se trouvant en état de chômage involontaire par manque de travail.

2. Elle assure, pour une durée maximum de trois mois par période de douze mois, le versement des cotisations de 10 p. 100 du salaire calculé suivant les règles établies pour l'assurance-maladie.

Art. 22. — 1. Pour être admis au bénéfice de la garantie contre le chômage, l'assuré devra compter, immédiatement avant la période de chômage, une année entière d'affiliation ininterrompue aux assurances sociales et remplir les mêmes conditions de cotisations que celles imposées pour l'assurance-maladie.

2. L'assuré en chômage est maintenu dans ses droits à l'assurance pendant une période de six mois. Ces droits sont rapportés pour les trois premiers mois au salaire moyen antérieur au chômage et pour les trois derniers mois à la moitié de ce salaire moyen.

Art. 23. — La garantie contre le chômage est assurée au moyen d'un prélèvement de 1 p. 100 sur les versements opérés en vertu de l'article 2 de la présente loi.

2. Les ressources ainsi produites seront affectées au fonds de majoration et de solidarité, à un compte spécial financièrement et juridiquement séparé des autres ressources des assurances sociales.

3. Les cotisations ne seront versées que dans les limites des ressources prévues au paragraphe 1er et seront éventuellement l'objet d'une réduction proportionnelle.

4. En outre, lorsque le compte spécial prévu au paragraphe 2 ci-dessus présentera un solde actif supérieur au total des versements reçus au cours de la dernière année inventoriée, il pourra, sur l'excédent et après avis de la section permanente du conseil supérieur des assurances sociales, être alloué des subventions aux institutions et aux caisses visées à l'article 24 ci-après. Le montant de ces subventions ne pourra dépasser 33 p. 100 des allocations payées au cours de la dernière année par ces mêmes caisses ou institutions.

Art. 24. — Pourront être autorisés à pratiquer le service de la garantie contre le chômage :

1o Les fonds de chômage créés par les départements et les communes ;

2o Les caisses spéciales annexées à un syndicat professionnel, à une union de syndicats de même profession ou industrie, ou à une société de secours mutuels composée de membres exerçant en majorité la même profession ou industrie et constituée conformément aux dispositions de la loi du 21 mars 1884, modifiée par celle du 12 mars 1920 et la loi du 1er avril 1898, ou à une caisse d'assurance ou de réassurance mutuelle agricole régie par la loi du 4 juillet 1900.

Art. 25. — 1. L'office central et les offices régionaux de la main-d'œuvre sont chargés du contrôle : a) des institutions et caisses visées à l'article 24 et admises à recevoir des subventions ; b) des assurés en chômage.

2. Un règlement d'administration publique déterminera les mesures d'application des dispositions prévues aux articles 21 à 25 inclus et notamment les conditions et délais d'inscription des chômeurs à l'office de placement, les obligations des chômeurs en ce qui concerne leur participation aux travaux de secours, les conditions d'organisation, d'autorisation et de fonctionnement des institutions ou caisses de garantie contre le chômage ainsi que les mesures de contrôle auxquelles elles seront soumises.

TITRE II

Des Caisses d'assurances

Art. 26. — 1. La gestion des assurances sociales est confiée dans chaque département à une caisse départementale unique qui doit ouvrir un compte à tout assuré immatriculé et à des caisses primaires. Ces organismes qui fonctionnent dans le cadre départemental sont constitués et administrés conformément aux prescriptions générales de la loi du 1er avril 1898 sur les sociétés de secours mutuels, sous réserve des dispositions de la présente loi. Ils fonctionnent, pour la couverture des risques et l'attribution des prestations, dans les conditions de la présente loi.

2. Les caisses primaires ont pour objet ou la maladie, la maternité, les soins aux invalides et le décès, ou la maladie, les soins aux invalides et le décès, ou la maternité ou, s'il y a lieu, et, seulement pour les caisses existant six mois avant la mise en application de la présente loi et visées à l'article 26 (§ 4) et à l'article 44, soit la vieillesse, soit la vieillesse et l'invalidité si elles groupent au moins 100.000 assurés. Les sociétés ou unions de sociétés régies par la loi du 1er avril 1898, les syndicats professionnels et unions de syndicats régulièrement constitués, en application de la loi du 21 mars 1884, ainsi que les caisses d'assurances ou de réassurances mutuelles agricoles visées par la loi du 4 juillet 1900 peuvent fonder une caisse primaire pour les assurés appartenant à ces organismes et les membres de leur famille. Les assurés peuvent se grouper spontanément pour la création d'une caisse primaire. Les caisses primaires doivent assurer soit directement, soit par l'intermédiaire de sections locales le service local des prestations. Toutefois, lorsqu'elles sont fondées par des caisses de réassurances constituées en application de la loi du 1er avril 1898 ou de la loi du 4 juillet 1900, elles sont admises à assurer ce service par l'intermédiaire des organismes locaux affiliés auxdites caisses de réassurance.

3. L'assuré qui, six mois avant la mise en application de la loi, appartiendra en qualité soit de membre participant, soit de membre honoraire, à une société de secours mutuels fonctionnant dans les conditions de la loi du 1er avril 1898 est présumé, sauf désignation contraire de sa part dans un délai de deux mois, faire choix de la caisse primaire à laquelle cette société, ou l'union dont elle fait partie, se rattache par un lien effectif. Si l'assuré est affilié à plusieurs sociétés de secours mutuels, il indique éventuellement celle dont il entend dépendre pour la présomption d'affiliation.

4. Les caisses mutualistes de retraites ouvrières constituées en application de la loi du 5 avril 1910 et les caisses autonomes de la loi du 1er avril 1898 pourront être admises à pratiquer, comme caisses primaires, les assurances vieillesse et invalidité. Les caisses de retraites ouvrières visées aux alinéas 3 et suivants de l'article 14 de la loi du 5 avril 1910 pourront, à cet effet, soit se transformer en caisse primaire admise à pratiquer les assurances vieillesse et invalidité, soit fusionner avec une caisse existante, mais devenue caisse primaire d'assurances vieillesse et invalidité, soit enfin être absorbées par les caisses départementales. Dans les deux premiers cas, leurs adhérents bénéficient de la présomption d'affiliation prévue au paragraphe précédent.

5. Les caisses primaires sont administrées à l'origine par le conseil d'administration de l'organisme qui les constitue jusqu'à la tenue de la première assemblée générale des membres participants et honoraires, laquelle élit, dans un délai de trois mois, le conseil d'administration de la caisse. Font partie de cette assemblée générale à la fois les assurés et les membres qui participent aux autres services mutualistes de l'organisme constitutif. Les assurés participant à ces services ont droit à une voix supplémentaire pour les élections au conseil d'administration.

6. La caisse départementale est administrée à l'origine par un conseil de direction de dix-huit membres dont six sont désignés par l'union

départementale des sociétés de secours mutuels, six par les caisses mutuelles agricoles, six par les syndicats professionnels ouvriers. Il est procédé, dans un délai de trois mois, par la première assemblée générale des délégués des assurés, à l'élection du conseil d'administration. Ce conseil est désigné d'après les règles de la représentation proportionnelle.

7. Le conseil d'administration de la caisse départementale et des caisses primaires doit comprendre dix-huit membres au moins, dont la moitié au moins d'assurés élus, et, à titre de membres honoraires admis par l'assemblée générale avec ou sans payement de cotisation, deux praticiens choisis sur une liste présentée par les syndicats professionnels prévus à l'article 4 et, sauf dans les caisses primaires fondées par les assurés, au moins six employeurs choisis sur une liste présentée par les employeurs d'assurés adhérents à la caisse ou qui en dépendent.

8. Les caisses départementales et primaires n'ont pour objet que les assurances sociales instituées par la présente loi. Toutefois, les caisses départementales peuvent gérer les versements effectués pour l'assurance-vieillesse par les membres des mutualités scolaires âgés de moins de quinze ans. Les caisses départementales assurent le service des prestations soit par leurs sections locales, soit par des sociétés de secours mutuels, soit par l'intermédiaire des caisses primaires.

9. Le bénéfice de l'article 40 de la loi du 1er avril 1898 est étendu aux caisses d'assurances et de réassurances mutuelles agricoles régies par la loi du 4 juillet 1900.

Art. 27. — 1. Les caisses départementales et primaires doivent préalablement à leur fonctionnement être agréées par l'office national des assurances sociales, conformément aux dispositions déterminées par le règlement général d'administration publique qui fixera également les conditions à remplir par les sections locales d'attribution de prestations.

2. En cas de refus d'agrément d'une caisse dans les trois mois de la demande, un recours peut être formé devant le Conseil d'Etat, sans ministère d'avocat et avec dispense de tout droit, dans le délai de deux mois après la notification de l'office national.

3. Lorsqu'une caisse départementale ou primaire cesse de remplir ses engagements ou les conditions auxquelles est soumis son fonctionnement, ou lorsque des irrégularités ou un défaut d'équilibre sont constatés, l'agrément peut être retiré par décret rendu sur la proposition du ministre du travail à la demande de l'office national et conformément à l'avis de la section permanente du conseil supérieur des assurances sociales et sauf recours devant le Conseil d'Etat.

Art. 28. — 1. La caisse départementale transfère aux caisses primaires, pour chacun des adhérents à ces caisses, la portion de cotisation afférente aux risques qu'elles sont autorisées à couvrir et sous réserve de l'application des articles 32, 69 et 70. Elle reste responsable des opérations effectuées par les caisses primaires.

2. La caisse départementale rétrocède aux caisses primaires, ainsi qu'aux sociétés ou sections locales chargées du service des prestations, une partie des remises de gestion qu'elle reçoit, dans les conditions fixées par décret rendu sur la proposition du ministre du travail après avis de l'office national des assurances sociales.

3. Les caisses départementales peuvent se grouper en unions régionales et en une fédération nationale, notamment en vue de réaliser des œuvres d'intérêt commun, telles que : organisations d'hygiène sociale, établissements de prévention et de cure, sanatoriums, dispensaires, maisons de convalescence et de retraite.

Art. 29. — 1. Les caisses d'assurances doivent ouvrir des comptes spéciaux : 1° à l'assurance-maladie ; 2° aux soins aux invalides ; 3° à l'assurance-maternité ; 4° à l'assurance-décès ; 5° à l'assurance-invalidité ; 6° à l'assurance-vieillesse ; 7° à la garantie contre le chômage ; 8° aux charges de famille.

2. Les caisses départementales et leurs unions et les caisses primaires jouissent de la personnalité civile. Elles ont une personnalité juridique distincte de la société ou de l'union de sociétés qui les ont formées. Elles sont représentées en justice par un représentant légal désigné dans les conditions fixées par le règlement général d'administration publique. Elles fonctionnent sous la surveillance et le contrôle de l'office national des assurances sociales, indépendamment du contrôle de l'État qui est exercé par le service du contrôle général du ministère du travail et par les représentants du ministère des finances. L'office national donnera communication à la caisse générale de garantie des rapports relatifs à la situation financière des caisses.

3. Un décret rendu sur la proposition des ministres du travail et des finances fixe les règles relatives à la comptabilité des caisses d'assurances et de leurs unions, à l'établissement de leur situation active et passive.

4. Les caisses ne peuvent, en aucun cas, allouer un traitement à leurs fondateurs et administrateurs. Il ne sera accordé de traitement qu'aux agents et employés des caisses.

5. Elles ne peuvent, en aucun cas, affecter à la gestion un pourcentage de frais supérieur à celui qui sera fixé, pour les diverses caisses, par décret rendu sur la proposition du ministre du travail dans la limite d'un maximum égal à 3,50 % des cotisations reçues.

Art. 30. — 1. Les caisses d'assurances doivent déposer, soit à la caisse des dépôts et consignations, soit à la Banque de France, les sommes qui dépassent le chiffre de l'encaisse qu'elles sont autorisées à conserver. La caisse des dépôts en fait emploi dans les conditions prévues à l'article 31 ci-après ; elle garde en dépôt le portefeuille desdites caisses.

2. Les sommes non employées sont versées en compte courant au Trésor, dans les limites d'un maximum et à un taux d'intérêt fixés annuellement par la loi de finances.

3. Les sommes déposées par les divers organismes, en application de la présente loi, à la caisse des dépôts et consignations, ne donnent pas lieu aux bonifications d'intérêt ou majorations pouvant résulter d'autres lois.

4. Le règlement général d'administration publique déterminera les mesures d'exécution relatives à la gestion financière des fonds des caisses d'assurances.

Art. 31. — 1. Les disponibilités des caisses d'assurances sont employées en tenant compte de la nature et de l'importance des risques assurés par les caisses :

1° En valeurs d'Etat ou jouissant de la garantie de l'Etat, en obligations foncières ou communales du Crédit foncier et en obligations des grandes compagnies de chemins de fer d'intérêt général ;

2° Jusqu'à concurrence de moitié et sur la désignation des caisses :

a) En prêts aux départements, communes, colonies, pays de protectorat, établissements publics, chambres de commerce et chambres d'agriculture ou en valeurs jouissant de la garantie de ces établissements ;

b) En prêts aux offices, sociétés et fondations d'habitations à bon marché et sociétés de crédit immobilier dans les conditions prévues par la loi du 5 décembre 1922 sur les habitations à bon marché et la petite propriété et aux sociétés et institutions prévues par la loi du 5 août 1920 sur le crédit mutuel et la coopération agricoles, ainsi qu'aux institutions de prévoyance et d'hygiène sociales reconnues d'utilité publique ;

c) En souscriptions de bons et d'obligations de la caisse nationale de crédit agricole, ainsi qu'en souscription d'actions, d'obligations et de parts des sociétés visées par la loi du 5 décembre 1922 sur les habitations à bon marché et la petite propriété, et par la loi du 5 août 1920 sur le crédit mutuel et la coopération agricoles. Les actions et les parts ainsi acquises devront être entièrement libérées et leur montant ne devra pas dépasser les deux tiers du capital des sociétés ci-dessus, susceptibles d'obtenir une subvention de l'Etat ou un prêt à taux réduit de l'Etat ou de la caisse nationale de crédit agricole dans les conditions prévues par la loi du 5 décembre 1922 ou par la loi du 5 août 1920 ;

d) En acquisitions de terrains ou d'immeubles, soit pour la construction ou l'aménagement d'établissements de prévention ou de cure, soit sous réserve d'acceptation de la caisse générale de garantie, pour le fonctionnement de la caisse d'assurances ;

e) En acquisitions de terrains à reboiser ou de forêts existantes, après avis favorable du conseil supérieur des assurances sociales ;

f) Enfin, en toutes valeurs reçues en garantie par la Banque de France, ainsi qu'en première hypothèque sur la propriété en France jusqu'à concurrence d'un montant global de 50 % de la valeur de l'immeuble, sous réserve d'acceptation de la caisse générale de garantie.

En ce qui concerne les placements prévus aux alinéas a, b, c, d, e, f, le taux d'intérêt consenti ne peut être inférieur à un taux minimum fixé au début de chaque année, par un décret rendu sur la proposition des ministres des finances et du travail, après avis de l'office national des assurances sociales.

2. Tous les actes relatifs aux prêts dont il s'agit sont exempts des droits de timbre, d'enregistrement et de la taxe hypothécaire.

Art. 32. — 1. Sur le montant des cotisations qui doivent revenir aux caisses primaires pour les services de répartition, c'est-à-dire pour les assurances-maladie, maternité et décès et les prestations en nature afférentes au risque-invalidité, la caisse départementale retient, à titre de réassurance et de compensation, 10 %.

2. La caisse départementale cède au fonds de garantie et de compensation 5 % de l'ensemble des cotisations affectées à ces risques.

Art 33. — 1. Sur les excédents annuels de recettes afférents aux services de répartition seront effectués les prélèvements obligatoires ci-après : 1° 20 % au profit du fonds de réserve générale propre à chaque caisse, jusqu'à ce que la valeur de ce fonds atteigne une somme égale au produit des cotisations de la dernière année inventoriée ; 2° 3 % au profit du fonds de majoration et de solidarité ; 3° 2 % au profit du fonds de garantie et de compensation.

2. Sur les excédents d'actif ressortant du bilan, des prélèvements pourront, à partir de la dixième année, être effectués par les caisses dont l'actif dépassera le passif de 10 % au moins pour la vieillesse et de 30 % au moins pour l'invalidité, sans que ces prélèvements puissent jamais abaisser ces excédents au-dessous de ces limites. Sur chaque prélèvement, il sera réservé une fraction de 6 % au profit du fonds de majoration et de solidarité et une fraction de 4 % au profit du fonds de garantie et de compensation.

3. Le solde peut être affecté, en tout ou en partie, à une augmentation temporaire des prestations de la caisse, tout d'abord à l'attribution de primes d'allaitement et de bons de lait aux femmes non assurées des assurés, à une diminution du pourcentage mis à la charge des assurés pour les frais médicaux et pharmaceutiques et notamment pour la maternité, à une participation plus élevée aux frais médicaux et pharmaceutiques à prévoir en faveur des retraités par le fonds de majoration ou de solidarité, à des allocations supplémentaires pour ascendants ou enfants âgés de plus de seize ans à la charge de l'assuré, ou à la constitution de réserves propres à régulariser ces augmentations.

4 Les caisses d'assurances peuvent également employer leur solde soit à créer ou développer des œuvres de maternité et d'enfance, des hôpitaux, sanatoriums, préventoriums, dispensaires, maisons de convalescence ou de retraite et autres institutions d'hygiène sociale et de prophylaxie générale.

5. Si l'établissement des comptes fait apparaître un déficit, il peut y être fait face par un prélèvement sur les réserves créées à cet effet et sur le fonds de réserve générale ; toutefois, pour couvrir le déficit d'un exercice, il ne pourra être fait appel qu'à la moitié de ce dernier fonds.

6. Des avances remboursables dans les conditions à fixer par décret rendu sur la proposition des ministres du travail et des finances, après avis de l'office national des assurances, pourront être consenties à la caisse, dont la situation est déficitaire, par la caisse générale de garantie, qui peut prendre à son égard toutes mesures de contrôle jugées utiles, poursuivre les administrateurs comme civilement responsables de leur mauvaise gestion et élever de 5 % le montant du versement prévu à son profit par l'article 32.

7. Les excédents, le solde ou le déficit susvisés sont ceux que font apparaître les résultats de la situation annuelle arrêtée par le conseil d'administration de la caisse dans les conditions fixées selon les dispositions de l'article 29, paragraphe 3.

8. Les prestations prévues par la présente loi sont garanties seulement dans la limite de ses ressources.

Si, malgré l'application normale des prescriptions légales, il était constaté qu'il s'établit une insuffisance dépassant à la fois les possibilités financières des caisses d'assurances et les disponibilités à provenir de la réassurance de solidarité instituée par l'article 32 ci-dessus, un décret rendu en Conseil d'Etat, sur la proposition des ministres du travail et des finances et après avis du conseil supérieur des assurances sociales pourrait, pour une durée déterminée : a) réduire, dans la limite d'un maximum de 10 p. 100 pour une ou plusieurs caisses ou pour l'ensemble des caisses, le taux des prestations ou rendre plus rigoureuses les conditions d'obtention afférentes à un ou plusieurs risques ; b) ensuite, augmenter, jusqu'à concurrence d'un maximum de 1 p. 100, chacune des contributions ouvrière et patronale, avec affectation pour deux tiers à la garantie complémentaire d'un ou de plusieurs risques et pour un tiers à la mise en réserve au fonds de majoration et de solidarité des ressources ainsi créées.

9. L'exécution de la loi sur les assurances sociales ne devra, en aucun cas, imposer au budget général, ainsi qu'aux budgets des départements et des communes, des charges supérieures à celles qui sont prévues dans la présente loi.

Art. 34. — 1. Toute caisse élabore un règlement d'administration intérieure relatif aux formalités que doivent remplir les intéressés pour bénéficier des prestations de l'assurance. Ce règlement comporte des dispositions communes à toutes les caisses, fixées par le règlement général d'administration publique, et des dispositions spéciales à chaque caisse. Il doit prévoir les conditions suivant lesquelles seront assurées les prestations-maladie au cas où le salarié malade est logé ou nourri par son employeur.

2. Il doit être approuvé par l'office national des assurances sociales.

Art. 35. — 1. L'adhésion de l'assuré à une caisse d'assurances est valable pour deux ans, sauf le cas où il change de lieu de travail. Elle ne peut produire effet, au regard de la nouvelle caisse qu'il désigne qu'autant que les conditions légales de taux et de durée de versements fixées pour chaque risque ont pu être remplies par l'assuré.

2. Lorsqu'un assuré change de caisse, la couverture ou réserve mathématique afférente à ses droits d'invalidité ou à son compte de vieillesse doit être transférée à celle qu'il choisit. Toutefois, la caisse ancienne reste responsable de la totalité des prestations au profit de l'assuré ou de ses ayants droit, tant que l'assuré ne peut se trouver régulièrement garanti par la nouvelle caisse.

3. La couverture ou réserve mathématique qui doit entrer en compte dans ces cessions est calculée conformément aux décisions de l'office national des assurances sociales.

Art. 36. — 1. Pour couvrir leurs frais de premier établissement, des avances remboursables peuvent, à partir de la promulgation de la présente loi, être consenties par le Trésor aux caisses d'assurances, à la caisse générale de garantie et aux offices ou services d'assurances. Un décret déterminera, dans chaque cas, le maximum desdites avances remboursables.

2. Ces avances seront, dans l'année de la mise en vigueur de la loi, remboursées au Trésor par la caisse générale de garantie. Cet établissement en récupérera le montant dans un délai qui ne pourra excéder quinze ans, par annuités égales, calculées suivant un taux d'intérêt qui sera fixé par décret rendu sur la proposition des ministres du travail et des finances.

TITRE III

Assurance facultative

Art. 37. — 1. Les fermiers, cultivateurs, métayers non visés à l'article 1er, artisans, petits patrons, les travailleurs intellectuels non salariés et, d'une manière générale, tous ceux qui, sans être salariés, vivent principalement du produit de leur travail, à la condition qu'ils soient de nationalité française et que le produit annuel de leur travail n'excède pas 18.000 francs, ainsi que les assurés visés à l'article 43, paragraphes 2 et 4, peuvent être admis facultativement en opérant des versements à l'une des caisses visées par les articles 26 et 44, dans les conditions énumérées par le présent titre, au bénéfice des assurances sociales.

2. Le maximum de 18.000 fr. est augmenté de 2.000 fr. par enfant, à partir du deuxième, de moins de seize ans, à la charge de l'assuré, au sens de l'article 20. Il est diminué de 3.000 fr. pour les assurés sans enfant à charge. Le chiffre limite est, sous ces réserves, augmenté de 1.000 fr. pour les assurés provenant de l'assurance obligatoire.

3. L'assurance facultative est pratiquée par la caisse départementale. Elle peut l'être par les caisses primaires.

Art. 38. — 1. Pour être admis dans l'assurance facultative, l'assuré doit être âgé de moins de cinquante ans et n'être atteint, d'après attestation médicale, d'aucune maladie aiguë ou chronique, ni d'aucune invalidité totale ou partielle susceptible d'élever sa morbidité. Toutefois, ces conditions ne s'appliquent pas, pour l'assurance-vieillesse, aux assurés facultatifs des retraites ouvrières inscrits depuis plus d'un an et à jour de leurs versements à la date de la promulgation de la présente loi.

2. L'entrée en jouissance de la retraite-vieillesse est fixée à soixante ans et après une durée minimum de dix ans de versements. Toutefois, les dispositions de l'article 17 relatives à la liquidation anticipée peuvent être appliquées.

3. L'assuré fixe sa cotisation, à son choix, entre 5 et 10 p. 100 de son gain annuel, mais sans que le montant de la cotisation puisse être inférieur à 300 fr. par an, payable au moins par trimestre.

4. Le revenu annuel des assurés facultatifs est déterminé d'après les évaluations qui servent de base à l'impôt sur le revenu et, en cas de non-assujetissement audit impôt, d'après les déclarations de l'intéressé. Il pourra être, le cas échéant, pour les fermiers, métayers et cultivateurs, déterminé forfaitairement d'après les chiffres fixés par arrêté préfectoral concernant la nature des hectares cultivés. Un décret fixera les conditions dans lesquelles sera pris cet arrêté.

Art. 39. — 1. Les prestations de la caisse d'assurances sont fixées d'après un tarif approuvé par l'office national des assurances sociales, donnant, par âge à l'entrée dans l'assurance, le montant des cotisations à payer pour avoir droit à des prestations de base. Aucune dérogation ne peut être apportée à ce tarif.

2. Les caisses peuvent admettre des assurés facultatifs qui sont garantis pour la totalité ou une partie des risques visés à l'article 1er de la présente loi.

3. Elles ne peuvent assurer des indemnités de maladie supérieures à 25 fr. par jour ouvrable, un capital au décès supérieur à 3.600 fr., une rente d'invalidité ou de vieillesse supérieure à 8.000 fr. L'assurance-maladie cesse, en tout état de cause, à soixante-cinq ans.

Art. 40. — 1. Les caisses établissent, avec l'approbation de l'office national des assurances sociales, un règlement fixant les conditions d'admission des assurés facultatifs et, notamment, de la visite médicale qu'ils doivent subir, les conditions et délais de payement des cotisations, les sanctions en cas de non-payement, le service des prestations-maladie lorsque l'assuré est logé ou nourri.

2. En ce qui concerne les assurances décès, invalidité, vieillesse, l'assuré ne peut être entièrement déchu de ses droits, son contrat doit conserver une valeur de réduction en rapport avec sa réserve mathématique.

3. Le règlement ne peut consentir aux assurés aucune valeur de rachat de leur contrat.

Art. 41. — 1. Sur le quantum des cotisations, il est effectué un prélèvement de 10 p. 100, versé au fonds de majoration et de solidarité, et destiné à majorer le capital assuré au décès et les rentes d'invalidité et de vieillesse. La majoration ne peut dépasser celle qui serait allouée aux assurés obligatoires dans les mêmes conditions d'âge et de nombre de versements. Elle est fixée par décret chaque année.

2. Les assurés facultatifs ont droit aux majorations pour charges de famille, dans les conditions fixées pour les assurés obligatoires. Les dépenses afférentes à ces majorations sont imputées au fonds de majoration et de solidarité qui tient, pour l'assurance facultative, un compte spécial où est versé un prélèvement analogue à celui demandé aux assurés obligatoires.

3. Sur les ressources du fonds de majoration et de solidarité, il est réservé annuellement, en faveur des assurés facultatifs, une somme qui ne peut être inférieure à cinq millions de francs.

Art. 42. — 1. L'assurance facultative donne lieu, au sein des caisses, à une comptabilité distincte des opérations de l'assurance obligatoire. Un versement de 2 p. 1000 des primes est effectué au fonds de garantie géré par la caisse générale de garantie.

2. Les dispositions des articles 32, 33, 34 et 35 de la présente loi s'appliquent à l'assurance facultative.

Art. 43. — 1. Si, en cours d'assurance facultative, le produit du revenu annuel vient à dépasser le maximum susvisé, il est notifié à l'assuré que, dans un délai de six mois à compter de la notification, il cessera de bénéficier de l'assurance-maladie et que les cotisations qu'il continuera à verser seront affectées en totalité aux assurances décès, invalidité, vieillesse, à moins qu'il ne préfère réduire sa cotisation du montant correspondant à la quotité affectée à l'assurance-maladie.

2. Il est également notifié à l'assuré obligatoire dont le salaire vient à dépasser la limite fixée par l'article 1er, qu'à partir du 1er janvier suivant, il cessera d'être affilié à l'assurance obligatoire ; il pourra, dès lors, bénéficier de l'assurance facultative dans les conditions du para-

graphe 2 de l'article 37. La réserve mathématique afférente à son compte individuel de retraite est versée à son compte dans l'assurance facultative. Pour la liquidation des rentes invalidité et vieillesse, il a droit à une fraction de la majoration éventuelle concédée aux assurés obligatoires dans la proportion du nombre de trentièmes qu'il a passé d'années dans cette assurance.

3. Les assurés facultatifs qui deviennent des salariés ont droit au maintien de leurs droits acquis dans l'assurance facultative. La réserve mathématique afférente à leur contrat en ce qui concerne le décès, l'invalidité et la vieillesse est versée à leur nouveau compte d'assurance obligatoire. Ils ont droit aux majorations dans les conditions indiquées.

4. a) Les femmes non salariés des assurés obligatoires ou facultatifs sont admises, à leur choix, au bénéfice de l'assurance facultative ou à celui de l'assurance spéciale définie comme suit, à la condition de réclamer leur inscription dans le délai de six mois à partir de la mise en application de la présente loi, ou de la célébration de leur mariage si elles sont âgées de moins de trente-cinq ans ou de leur sortie de l'assurance obligatoire. Pour l'assurance spéciale, elles sont considérées comme des assurés obligatoires recevant un salaire annuel supposé de 1.200 fr., sauf les différences ci-après. Leur cotisation est fixée à 10 fr. par mois. Elles n'ont pas droit aux indemnités journalières prévues à l'article 5, paragraphe 1er, et n'ouvrent pas droit au minimum de 1.000 fr. garanti en cas de décès. L'attribution d'une pension d'invalidité ne joue qu'en cas d'incapacité totale de vaquer aux soins du ménage. La moitié de la cotisation est affectée à la constitution d'une rente de vieillesse, capitalisée à un compte individuel. Le minimum garanti pour la pension d'invalidité ou de vieillesse en période transitoire (art. 10, paragraphe 7, et 15, paragraphe 3) est fixé à 250 fr. et accordé dans les mêmes conditions de nombre et de durée de versements ;

b) Les femmes ainsi assurées, qui deviennent veuves ou divorcées, peuvent continuer à bénéficier de l'assurance spéciale. Elles ont la faculté de conserver pour elles et leurs enfants le droit aux prestations en nature dont elles bénéficiaient antérieurement du chef de leur conjoint, moyennant le versement d'une cotisation supplémentaire, indépendante du nombre des enfants, et dont le montant sera fixé annuellement par décret ;

c) Les caisses d'assurance tiennent un compte spécial des opérations relatives à cette catégorie d'assurance des femmes.

TITRE IV

Dispositions transitoires

Art. 44. — 1. A partir de la mise en application de la présente loi, les caisses de retraites existantes dont le service incombe à l'employeur, les caisses précédemment organisées même sous forme d'associations ou de sociétés civiles par les patrons avec ou sans le concours des ouvriers et employés, les caisses de retraites autorisées conformément à la loi du 27 décembre 1895 et celles qui se sont conformées aux dispositions de l'article 29 de la loi du 5 avril 1910 ou de l'article 96 du décret du 25 mars 1911 pourront être autorisées, par décret rendu sur la proposition du ministre du travail, à continuer leurs opérations s'il résulte d'un inventaire technique que leur situation financière suffit à garantir leurs engagements antérieurs et, comme caisses primaires, à assurer, au profit du personnel soumis aux obligations légales, les prestations découlant de la présente loi. Ces caisses, ainsi que les caisses mutualistes et autonomes visées à l'article 26, paragraphes 2 et 4, de la présente loi, pourront, à titre exceptionnel, et seulement pour les risques vieillesse et invalidité, après avis du conseil supérieur des assurances sociales, avoir des sections locales en dehors du département du siège social.

2. La caisse nationale des retraites pour la vieillesse est autorisée à créer, dans le cadre départemental, à titre de caisses primaires de vieillesse et d'invalidité, des sections d'assurés, dont le conseil d'administration comprendra au moins la moitié d'assurés élus et cinq employeurs. Le règlement général d'administration publique fixera les conditions d'application du présent alinéa.

3. L'institution des assurances sociales ne peut avoir pour conséquence la diminution ou la suppression des prestations de même nature déjà accordées à des salariés en vertu du contrat de travail ou d'un règlement de retraite. Toutefois, les employeurs et leur personnel sont autorisés à réduire d'un commun accord leurs contributions telles qu'elles sont prévues par lesdits contrat et règlement, à concurrence des fractions de cotisations affectées, en vertu de la présente loi, à la couverture des risques contre lesquels ces assurés sont déjà garantis. A défaut d'entente entre les employeurs d'une part et la majorité des ouvriers et employés d'autre part, il y a lieu à recours devant une commission arbitrale, dans les conditions à fixer par le règlement général d'administration publique sur la base des dispositions arrêtées par la loi du 5 avril 1910 (art. 31 et suivants).

4. Le règlement général d'administration publique déterminera les règles de liquidation des caisses qui ne seront pas autorisées.

5. Les dispositions prévues par les articles 64 à 66 sont applicables aux administrateurs ou directeurs de caisses qui continueraient à fonctionner sans y avoir été dûment autorisées.

Art. 45. — 1. Les caisses d'assurances visées à l'article 14 de la loi du 5 avril 1910 devront arrêter leur situation au regard de l'application de ladite loi.

2. Le payement des pensions acquises ou en cours d'acquisition ainsi que des allocations ou bonifications à la charge de l'Etat, sera effectué par la caisse d'assurances sociales ayant pris la suite des opérations de la caisse de retraites ouvrières, lorsqu'il s'agit d'assurés qui avaient leur compte ouvert à cette dernière et par la caisse nationale des retraites, section des retraites ouvrières, dans tous les autres cas.

La caisse nationale des retraites pour la vieillesse restera débitrice des rentes éventuelles correspondant aux versements reçus par elle en application de la loi sur les retraites ouvrières. Toutefois, ces rentes seront servies par l'intermédiaire de la caisse d'assurances sociales à laquelle seront affiliés les bénéficiaires. Ladite caisse continuera de payer directement les rentes qu'elle aura liquidées antérieurement à la mise en vigueur de la présente loi, ainsi que les allocations et bonifications de l'Etat correspondantes, lesquelles lui seront remboursées par la caisse générale de garantie.

3. Le compte de leurs excédents d'actif sera arrêté à la date de mise en application de la présente loi et son montant sera dévolu dans les conditions déterminées par le règlement général d'administration publique, lequel fixera en outre les règles relatives à leur liquidation et à leur transformation éventuelle en caisses d'assurances sociales. La moitié de ces excédents d'actif, dans la forme où ils se trouvent dans la caisse liquidée, devra être attribuée au fonds de majoration et de solidarité, où ils seront répartis entre les comptes d'assurance obligatoire et d'assurance facultative, proportionnellement à l'importance de ces deux assurances dans la caisse des retraites dont ces excédents proviennent.

4. Toutefois, les excédents d'actif de la section des retraites ouvrières de la caisse nationale des retraites feront l'objet, pour la partie dépassant de 10 p. 100 le passif, de versements fractionnés à la caisse générale de garantie dans les conditions déterminées par le règlement général d'administration publique.

5. A la clôture des opérations de liquidation de la loi des retraites ouvrières, tant de la section spéciale que des autres caisses visées au paragraphe 2 du présent article, le solde de l'actif sera versé à la caisse générale de garantie.

6. Les insuffisances d'actif sont prises en compte par la caisse d'assurance qui recueille la suite des opérations de la caisse de retraites ouvrières.

Art. 46. — 1. Dès la mise en application de la présente loi, le fonds de réserve visé par l'article 16 de la loi du 5 avril 1910 sur les retraites ouvrières sera transféré au fonds de majoration et de solidarité.

2. Les intéressés devront réclamer, dans le délai de deux ans, les versements effectués à leur nom par les employeurs, en application de l'article 23 de la loi du 5 avril 1910, modifié par l'article 266 de la loi de finances du 13 juillet 1925.

3. Par application des dispositions du paragraphe 3 de l'article 1er de la présente loi, les employeurs seront tenus, sous les sanctions prévues à l'article 64, de fournir, dans les deux mois précédant la date de la mise en application de la loi, les renseignements nécessaires à l'affiliation des salariés employés par eux au jour de ladite promulgation.

Art. 47. — 1. Les assurés obligatoires de la loi des retraites ouvrières et paysannes, inscrits au moins un an avant la date de promulgation de la présente loi, qui ont opéré sur leurs cartes annuelles successives des versements dont le total atteint au moins les trois cinquièmes des cotisations prévues à l'article 4, paragraphe 2, de la loi du 5 avril 1910 modifiée et dont les versements échus pour l'année en cours ont été régulièrement effectués, sont, dès le début de l'application de la présente loi, admis, s'ils sont assurés obligatoires, au bénéfice de l'assurance contre le risque maladie et aussi contre le risque invalidité qui en serait la conséquence. S'ils n'ont pas demandé la liquidation de leurs droits, en vertu de la loi des retraites ouvrières, ils pourront se prévaloir, à 65 ans, des dispositions de l'article 15, paragraphe 4.

2. Les assurés obligatoires de la loi des retraites qui décéderaient au cours de la première année d'application de la présente loi et avant de remplir les conditions fixées par le paragraphe 4 de l'article 19

ouvriront à leurs ayants cause le droit aux allocations prévues à l'article 6 de la loi du 5 avril 1910 modifiée, dans les conditions prévues audit article.

3. A partir du sixième mois qui suivra la promulgation du règlement général d'administration publique, il ne sera plus délivré de cartes annuelles d'échange des retraites ouvrières, ni procédé à aucune inscription nouvelle en vertu de la loi du 5 avril 1910. La valeur des timbres ou vignettes, apposés sur toutes les cartes annuelles de retraite en cours de validité au jour de la mise en application de la présente loi et appartenant à des assurés qui doivent être affiliés obligatoirement aux assurances sociales, sera versée au fonds de majoration et de solidarité, en vue de couvrir les risques maladie et décès indemnisés dans les conditions des deux paragraphes précédents. Si ces cartes appartiennent à des assurés facultatifs, les versements qu'elles comportent seront affectés au compte d'assurances sociales ouvert au nom desdits assurés.

4. Le montant de l'allocation et de la bonification accordées par l'Etat en vertu de la loi du 5 avril 1910 modifiée, sera, dans les conditions de la loi de finances du 29 avril 1926, porté du double au triple, à compter de la première échéance qui suivra la mise en application de la présente loi.

Art. 48. — 1. Les assurés facultatifs inscrits aux retraites ouvrières avec droit au régime transitoire de la loi du 5 avril 1910, les métayers et petits fermiers payant moins de 600 fr. de fermage, inscrits avec bénéfice de l'allocation attribuée aux assurés obligatoires, auront droit à la valeur actuelle de la portion de bonification ou d'allocation acquise par eux à l'âge accompli au début de l'application de la loi.

2. Cette valeur, calculée au taux de 5 p. 100, sera versée au compte individuel d'assurance-vieillesse des intéressés.

3. La dépense résultant de ce versement sera supportée par le fonds de majoration et de solidarité.

Art. 49. — 1. Les salariés de l'Etat, des départements, des communes, des chemins de fer d'intérêt général, des chemins de fer de l'Etat, des chemins de fer d'intérêt général secondaires et d'intérêt local et des tramways, les ouvriers mineurs et ardoisiers et le personnel de leur caisse autonome, les inscrits maritimes et les agents du service général demeurent respectivement soumis aux législations ou règlements qui les régissent à l'égard des risques garantis par la présente loi.

2. Une loi spéciale fixera les règles de coordination de ces divers régimes avec le régime général des assurances sociales et déterminera le mode de liquidation des droits de l'intéressé qui passera d'un régime à un autre et, notamment, de l'agent qui viendrait à quitter le service ou l'administration avant d'avoir droit à une pension et le transfert de la valeur de ses droits aux assurances sociales et inversement.

Art. 50. — 1. Les assurés qui ont été l'objet, au titre de la mutualité scolaire, de versements à la caisse nationale des retraites peuvent demander que les rentes correspondantes leur soient servies par la caisse d'assurances à laquelle ils sont affiliés en vertu de la présente loi. Dans ce cas, la caisse nationale des retraites reste débitrice de ces rentes, qui sont payées par l'intermédiaire de la caisse d'assurances sociales. Lorsque lesdites rentes n'ont pas été réclamées par les intéressés au moment où ils ont droit à la retraite de vieillesse prévue par la présente loi, il y a lieu à application d'office des dispositions qui précèdent.

2. Lorsque l'assuré, qui ne justifie pas du nombre de versements annuels lui donnant droit à la pension minimum, a cotisé pour la retraite dans une mutualité scolaire, ses années d'affiliation mutualiste avant l'âge de quinze ans sont admises pour compléter son temps d'assurance comme équivalant chacune à une demi-année sur la base d'un salaire annuel de 1.200 fr. Dans ce cas, les rentes acquises par l'intéressé au cours desdites années sont défalquées de sa pension.

Art 51. — 1. Pour les assurés malades ou blessés de guerre qui bénéficient de la législation des pensions militaires, l'Etat devra verser à la caisse d'assurance dont ils dépendent une surprime correspondant à l'aggravation des risques supportés par ladite caisse et aux soins auxquels les intéressés ont déjà droit. Le règlement général d'administration publique fixera le taux de ces surprimes, leur condition et leur mode de versement. Les assurés seront dispensés du pourcentage de participation aux frais médicaux, pharmaceutiques et autres mis à la charge des assurés malades ou invalides.

2. En cas d'aggravation de l'état d'invalidité à la suite de maladie ou d'accident, l'incapacité d'origine militaire entre en compte pour la détermination du degré d'invalidité ouvrant le droit à la pension d'assurance.

3. Si le degré total d'invalidité atteint au moins 66 %, la pension d'assurance est liquidée, et son taux est déterminé par le pourcentage obtenu en retranchant du degré total d'invalidité celui qui est indemnisé par la pension militaire d'invalidité.

4. Les malades ou blessés de guerre qui bénéficient de la législation des pensions militaires et qui peuvent se réclamer de l'assurance facultative ne devront pas en être écartés en raison de leurs maladies ou blessures de guerre ; mais l'Etat devra verser aux caisses une surprime correspondant à l'aggravation des risques, suivant les conditions prévues au paragraphe 1er du présent article.

Art. 52. — La présente loi ne sera applicable aux départements du Haut-Rhin, du Bas-Rhin et de la Moselle qu'en vertu d'une loi spéciale qui déterminera la date d'application, ainsi que les mesures de coordination propres à substituer au régime des assurances sociales actuellement en vigueur dans ces trois départements, les dispositions du présent texte et toutes autres mesures transitoires.

TITRE V

Dispositions générales

Art. 53. — 1. Les pensions acquises en vertu de la présente loi sont, jusqu'à concurrence de 600 fr., incessibles et insaisissables, si ce n'est au profit des caisses d'assurances pour le payement des frais d'hospitalisation.

2. La double contribution due en vertu de l'article 2 et non encore versée par l'employeur est garantie par un privilège qui prend rang et qui porte effet concurremment avec le privilège des gens de service et des ouvriers et commis, établi respectivement par l'article 2101 du code civil et par l'article 549 du code de commerce.

3. Les sommes qui sont versées à titre de contribution en exécution de la présente loi, tant par l'employeur que par le salarié, sont déduites du total du revenu de ceux-ci pour l'assiette des impôts sur les revenus et de l'impôt général sur le revenu.

Art. 54. — Les versements pour assurance et les avantages qu'ils garantissent sont suspendus pendant la période du service militaire ou en cas d'appel sous les drapeaux. Toutefois, l'assuré qui, à son départ, remplissait les conditions prévues à l'article 10, pourra recevoir éventuellement la pension d'invalidité, si la réforme est prononcée pour maladie ou infirmité contractée en dehors du service et ne donne pas lieu à l'attribution d'une pension militaire. En outre, l'assuré qui remplissait les conditions réglementaires confère à ses ayants droit le bénéfice des prestations prévues aux articles 9, 19 et 20.

Art. 55. — Les exploitants agricoles seront dans l'obligation de tenir ou de faire tenir sous leur responsabilité par une mutuelle ou un syndicat agricoles, dûment autorisés à cet effet, un livre de paye sur lequel sera inscrit le montant de tous les salaires versés à chacun de leurs ouvriers, au fur et à mesure de leur payement, ainsi que le montant des retenues auxquelles lesdits salaires doivent avoir donné lieu.

Art. 56. — 1. Les droits accordés aux salariés par la présente loi ne peuvent avoir pour conséquence de réduire les avantages dont ils peuvent bénéficier en vertu de la loi du 19 décembre 1922 sur les allocations familiales. Les versements patronaux auxquels l'application de la loi susvisée donne lieu demeurent obligatoires ; mais leur taux pourra être réduit dans la proportion correspondant au montant des allocations stipulées à l'article 20. Le règlement général d'administration publique déterminera les conditions de ces réductions éventuelles.

2. Les avantages supplémentaires constitués par les employeurs en cas de maladie, maternité, décès, vieillesse ou invalidité, au profit de leur personnel et avec la participation des intéressés sont, en ce qui concerne le personnel assuré par la présente loi, garantis soit par une des caisses agréées ou fonctionnant conformément au paragraphe 1er de l'article 44, soit pour les risques de capitalisation, par une des caisses prévues à l'article 26, paragraphe 4, soit pour les risques de répartition par une des caisses primaires de l'article 26, paragraphe 2, soit par les

caisses départementales, soit par la caisse nationale des retraites pour la vieillesse, soit par la caisse nationale d'assurances en cas de décès ; à cet effet, ces diverses caisses tiennent des écritures distinctes.

Art. 57. — L'assuré qui reçoit une pension de vieillesse ou d'invalidité au moins égale à 600 francs ne peut se prévaloir de la loi du 14 juillet 1905 sur l'assistance aux vieillards, infirmes et incurables. Il en est de même de l'assuré qui recevrait une pension au moins égale à ce minimum s'il n'avait effectué ses versements à capital réservé ou s'il n'avait réclamé le bénéfice de l'article 18. Toutefois, les communes où le secours attribué aux assistés est supérieur à la pension que reçoit l'assuré, doivent accorder à ce dernier, en droit d'être assisté, le bénéfice d'une bonification complémentaire destinée à rétablir l'équivalence. Cette bonification reste à leur charge.

Art. 58. — L'assuré conserve éventuellement le bénéfice des dispositions des lois sur l'assistance ou l'encouragement national aux familles nombreuses.

Art. 59. — 1. Les personnes qui peuvent avoir droit aux prestations accordées par la présente loi en cas de maladie ou d'invalidité, n'auront pas la faculté de se réclamer du bénéfice de la loi du 15 juillet 1893 sur l'assistance médicale gratuite.

2. Les femmes assurées qui ont droit aux prestations en cas de maternité ne peuvent se réclamer des dispositions des lois des 17 juin et 30 juillet 1913, des 23 janvier et 4 décembre 1917 et du 24 octobre 1919 sur l'assistance aux femmes en couches.

3. Toutefois, pour les personnes inscrites sur la liste d'assistance médicale gratuite, le pourcentage des frais médicaux et pharmaceutiques restera à la charge de ce service.

Art. 60. — 1. Les prestations de l'assurance-maladie ne se cumulent pas avec celles résultant de la législation sur les accidents du travail.

2. Le titulaire d'une rente allouée en vertu de ladite législation, dont l'état d'invalidité serait aggravé à la suite de maladie ou d'accident, peut réclamer le bénéfice de l'assurance-invalidité si le degré total d'incapacité est au moins égal aux deux tiers.

3. La pension allouée dans ce cas est déterminée par le pourcentage obtenu en retranchant du degré total d'invalidité celui qui a été pris en compte pour l'application de la loi de 1898.

4. Les charges résultant de l'aggravation du risque seront imputées au fonds de garantie de la loi de 1898 dans les conditions qui seront fixées par le règlement général d'administration publique.

Art. 61. — Lorsque, sans rentrer dans les cas régis par les dispositions législatives applicables aux accidents du travail, l'accident ou la blessure dont l'assuré est victime est imputable à un tiers, la caisse d'assurances est subrogée de plein droit à l'intéressé dans son action contre le tiers responsable, pour le remboursement des dépenses que lui occasionne l'accident ou la blessure, sous réserve, pour l'assuré ou ses ayants droit, de tous droits de recours en réparation du préjudice causé, conformément aux règles de droit commun.

Art, 62. — 1. Les pièces exclusivement relatives à l'exécution de la présente loi sont délivrées gratuitement et dispensées des droits de timbre et d'enregistrement. Les droits d'enregistrement et autres à percevoir sur les libéralités faites aux organismes d'assurances sociales seront les mêmes que ceux perçus pour les libéralités faites aux hôpitaux, hospices et bureaux de bienfaisance.

2. Les jugements ou arrêts, ainsi que les extraits, copies, grosses ou expéditions qui en sont délivrés, et généralement tous les actes de procédure auxquels donne lieu l'application de la présente loi, sont également dispensés des formalités de timbre et d'enregistrement. Ils portent là mention expresse qu'ils sont faits en exécution de ladite loi.

3. Un décret réglera le tarif postal applicable aux objets de correspondance adressés ou reçus, pour l'exécution de la loi, par l'office national, les offices départementaux ou interdépartementaux et les mairies, les commissions ou conseils prévus par la présente loi, la caisse générale de garantie, les caisses d'assurances et les fonctionnaires du contrôle du ministère du travail et du ministère des finances.

4. Sont exemptées du droit de timbre les affiches, imprimées ou non, apposées par les organismes d'administration ou de gestion des assurances sociales ayant pour objet exclusif la vulgarisation de la loi, ainsi que la publication de comptes rendus et conditions de fonctionnement de ces organismes.

Art. 63. — 1. Les difficultés auxquelles donne lieu l'exécution de la présente loi sont soumises, par lettre recommandée, à une commission cantonale composée du juge de paix, président, d'un employeur et d'un assuré assistés du greffier du juge de paix.

2. Dans la première quinzaine de chaque année, l'office départemental ou interdépartemental choisira par canton les employeurs et assurés appelés au nombre de huit, dont quatre employeurs et quatre assurés, à faire partie, durant l'année, de ladite commission, ainsi que deux suppléants par canton.

La mission de chacun d'eux durera trois mois.

Ils seront convoqués par le greffier du juge de paix, sur l'ordre de celui-ci par lettre recommandée avec accusé de réception, le tout circulant en franchise, au moins huit jours avant celui de l'audience de la commission.

Tout employeur ou assuré, membre titulaire ou suppléant, qui ne se sera pas rendu à la convocation dont il aura été l'objet, et sans donner de son absence une excuse jugée légitime, sera condamné par le juge de paix, président, à une amende de 5 à 10 fr. par chaque absence non justifiée.

3. La commission cantonale ainsi constituée connaîtra en premier ressort de tous litiges. Elle pourra ordonner la comparution personnelle des parties ; elle fera tous ses efforts pour les concilier ; en cas de non-conciliation, elle statuera.

4. Ses décisions seront toujours susceptibles d'appel devant le tribunal départemental ou la section de ce tribunal dont relèvera le juge de paix, président de la commission.

L'article 443 du code de procédure civile est applicable aux formalités de l'appel ; toutefois, le délai dans lequel celui-ci devra être interjeté sera d'un mois.

5. Le pourvoi en cassation ne pourra être formé que pour violation de la présente loi.

Art. 64. — L'employeur qui ne s'est pas conformé aux prescriptions des articles 1er, 2, 3, 37, 46 et 55 est poursuivi devant le tribunal de simple police à la requête de l'office national, départemental ou inter-départemental des assurances sociales, de la caisse générale de garantie ou du ministre du travail. Il est passible d'une amende de 5 à 15 fr. prononcée par le tribunal, sans préjudice de la condamnation par le même jugement au payement de la somme représentant les contributions dont le versement lui incombait, lesquelles seront portées au compte de l'assuré par sa caisse départementale d'assurances. L'amende est appliquée autant de fois qu'il y a de personnes employées dans des conditions contraires aux prescriptions des articles 1er et 2, sans que le total des amendes puisse dépasser 500 francs.

2. En cas de récidive, le contrevenant sera poursuivi devant le tribunal correctionnel et puni d'une amende de 16 à 100 fr.

3. Il y a récidive lorsque, dans les douze mois antérieurs au fait poursuivi, le contrevenant a déjà subi une condamnation pour une contravention identique.

4. Le tribunal peut, en outre, dans ce cas, prononcer pour une durée de six mois à cinq ans :

a) Son inéligibilité aux chambres de commerce, aux tribunaux de commerce, aux conseils de prud'hommes ;

b) Son incapacité à participer aux organes de l'administration publique chargée de la représentation officielle des intérêts industriels, commerciaux et agricoles.

5. Le tribunal peut ordonner, dans tous les cas, que le jugement de condamnation sera publié, intégralement ou par extraits, dans les journaux qu'il désignera et affiché dans les lieux qu'il indiquera, le tout aux frais du contrevenant, sans que le coût de l'insertion puisse dépasser 200 francs.

6. En cas de pluralité de contraventions entraînant les peines de la récidive, l'amende est appliquée autant de fois qu'on a relevé de nouvelles contraventions. Toutefois, le total des amendes ne peut dépasser 3.000 francs.

7. L'article 463 du code pénal est applicable, ainsi qu'aux sanctions prévues par les articles 65, 66 et 67.

Art. 65. — 1. Est passible d'une amende de 16 à 500 fr. quiconque se rend coupable de fraude ou de fausse déclaration pour obtenir ou faire obtenir, ou tenter de faire obtenir des prestations qui ne sont pas dues, sans préjudice de plus fortes peines s'il y échet.

2. Les employeurs sont tenus de recevoir à toute époque les inspecteurs mandatés par l'office national, les caisses départementales, la caisse générale de garantie et les fonctionnaires du contrôle général du ministère du travail, pour vérifier, dans les conditions qui seront déterminées par le règlement général d'administration publique, l'affiliation de leur personnel aux assurances sociales et le montant des salaires payés par eux.

3. Les oppositions ou obstacles à ces visites ou inspections seront pas-

sibles des mêmes peines que celles prévues par le code du travail pour l'inspection du travail.

Art. 66. — Sont passibles d'une amende de 100 à 2.000 francs et d'un emprisonnement de six jours à deux mois :

1° Les administrateurs, directeurs, agents de toutes sociétés ou institutions recevant, sans avoir été dûment agréés ou autorisés à cet effet, les versements visés par la présente loi ;

2° Les administrateurs, directeurs ou agents de tous les organismes d'assurance reconnus par la loi, en cas de fraude ou de fausse déclaration dans l'encaissement ou dans la gestion, le tout sans préjudice du retrait des autorisations ou agréments prévus à l'article 27, et sans préjudice de plus fortes peines s'il y échet.

Art. 67. — 1. Sera puni d'une amende de 100 à 2.000 francs et d'un emprisonnement de six jours à deux mois ou de l'une de ces deux peines seulement, quiconque, par menaces, dons, promesses d'argent, ristourne sur les honoraires médicaux ou fournitures pharmaceutiques, faits à des assurés ou à des caisses d'assurances ou à toute autre personne, aura attiré ou tenté d'attirer ou de retenir les bénéficiaires de la présente loi, notamment dans une clinique ou cabinet médical ou officine de pharmacie.

2. Le maximum des deux peines sera toujours appliqué au délinquant lorsqu'il aura déjà subi une condamnation pour la même infraction et le tribunal pourra ordonner l'insertion du nouveau jugement dans un ou plusieurs journaux de la localité, le tout aux frais du condamné, sans que le coût de l'insertion puisse dépasser 200 francs.

3. Les médecins, chirurgiens, sages-femmes et pharmaciens peuvent être exclus des services de l'assurance en cas de fausse déclaration intentionnelle. S'ils sont coupables de collusion avec les assurés, ils sont passibles, en outre, d'une amende de 100 à 2.000 francs et d'un emprisonnement de six jours à trois mois, ou de l'une de ces deux peines seulement, sans préjudice de plus fortes peines s'il y échet.

Art. 68. — 1. Un office national des assurances sociales est chargé de l'application de la présente loi ; des offices départementaux et interdépartementaux concourent à cette application. Ces offices constituent des établissements publics et fonctionnent sous le contrôle de l'État dans les conditions de la présente loi. La direction actuelle des retraites et des assurances sociales sera dans les douze mois qui suivront la promulgation de la présente loi, transformée en direction générale de l'office national des assurances sociales.

2. Le contrôle général de l'application de la présente loi est confié au service actuel de contrôle des retraites fonctionnant auprès du ministre du travail.

3. L'office national et les offices départementaux et interdépartementaux sont administrés par un conseil d'administration dans les conditions suivantes :

Le conseil d'administration de l'office national est constitué par la section permanente du conseil supérieur des assurances sociales prévu à l'article 72 et présidé par le ministre du travail.

Ce conseil délibère sur les dispositions relatives à l'organisation du service des assurances sociales et sur les mesures propres à assurer l'application de la loi. Il établit les comptes relatifs au fonctionnement des assurances sociales et la statistique propre à l'évaluation des risques assurés en vertu de la présente loi, dont il résume les résultats dans un rapport annuel qui rend compte de l'application générale de la loi.

Ce rapport est adressé au Président de la République. Il est publié au *Journal officiel* et distribué aux Chambres.

4. Le conseil d'administration de chaque office comprend au moins quatre représentants des assurés, trois représentants des employeurs, deux praticiens, dont un médecin et un pharmacien, élus les uns et les autres par les membres des conseils d'administration des caisses, ainsi qu'un représentant du ministre du travail, et un représentant du ministre des finances.

Le directeur général de l'office national et les directeurs sont nommés par décret sur la proposition du ministre du travail. Le personnel de direction des offices départementaux et interdépartementaux est nommé par arrêté du ministre du travail sur présentation de l'office national dans les conditions déterminées par le règlement général d'administration publique qui fixera les règles de recrutement, après concours préalable à toute admission.

5. Les offices départementaux et interdépartementaux assurent l'application de la loi et, notamment, l'immatriculation et la radiation des assurés ainsi que la délivrance des cartes individuelles d'assurances sociales. Ils reçoivent les déclarations d'affiliation, bordereaux et pièces de versements des contributions remis ou adressés par les employeurs et les transmettent après vérification aux organismes intéressés. Ils contrôlent le recouvrement et provoquent le créditement par la caisse des dépôts et consignations, des sommes revenant aux diverses caisses d'assurances et à la caisse générale de garantie. Ils établissent la liste sur laquelle sont choisis les membres de la commission de conciliation prévue à l'article 63. Ils surveillent l'emploi des dépenses imputables sur le fonds de majoration et de solidarité.

6. Les frais de fonctionnement des divers services et caisses qui concourent à l'application de la loi sont, dans la limite maximum de 5 % du montant total de toutes les cotisations, supportés par le fonds de majoration et de solidarité.

Art. 69. — 1. Il est créé pour l'application de la présente loi un fonds de majoration et de solidarité et un fonds de garantie et de compensation.

2. Le fonds de majoration et de solidarité est destiné à assurer le minimum légal des pensions d'invalidité et de vieillesse des caisses d'assurances, le remboursement des charges de famille et des dépenses pour la liquidation de la loi des retraites dans les conditions fixées par la présente loi, et à faire face aux dépenses de toute nature d'administration et de gestion de tous les organismes.

3. Il participe, dans la mesure de ses disponibilités et suivant un pourcentage à fixer annuellement par décret, aux dépenses résultant pour les assurés obligatoires : de la majoration du demi-salaire prévue à l'article 5 ; des versements effectués en vertu de l'article 5, paragra-

phe 4, par les caisses d'assurances aux lieu et place des assurés bénéficiaires de l'assurance-maladie ; de la majoration des rentes d'invalidité prévue à l'article 10, paragraphe 5 ; de la majoration des pensions de vieillesse prévue à l'article 15, paragraphe 2 ; des frais médicaux et pharmaceutiques à prévoir en faveur des pensionnés depuis plus de cinq ans pour invalidité et des retraités des assurances sociales.

4. Il majore les prestations des assurés facultatifs dans les conditions de l'article 41.

5. Il est alimenté :

1° Par un prélèvement effectué sur toutes les cotisations d'assurés obligatoires et facultatifs, destiné notamment à lui permettre de faire face aux frais de gestion et aux charges de famille et dont la quotité sera fixée chaque année par décret ;

2° Par les contributions de l'Etat dont le montant sera égal au crédit ouvert par la loi de finances de l'exercice 1926, au budget du ministère du travail, au titre des retraites ouvrières ;

3° Par un prélèvement : a) sur les cotisations affectées à l'assurance-vieillesse, égal au moins à 1,25 °/₀ et au plus à 2 % du salaire pour les assurés âgés de moins de trente ans et dont le produit est affecté à la garantie du minimum de pensions ; b) sur la cotisation affectée à l'assurance-décès et destinée à garantir le minimum fixé par l'article 19, paragraphe 2 ; la quotité des prélèvements prévus au présent paragraphe sera fixée annuellement par décret ;

4° Par le produit des amendes visées aux articles 64 à 67 ;

5° Par la portion non employée annuellement du revenu visé à l'article 4 de la loi du 31 décembre 1895 ;

6° Par les arrérages atteints par la prescription quinquennale et par les capitaux réservés non remboursés aux ayants droit des assurés décédés depuis plus de cinq ans ;

7° Par les contributions patronales dues en vertu de l'article 3 et par les contributions patronale et ouvrière afférentes aux salariés étrangers n'ayant pas en France de résidence réelle et permanente ;

8° Par l'affectation pendant la première année d'affiliation de tout assuré, de la fraction de cotisation destinée à la garantie du risque-invalidité (pension et soins) ;

9° Par les versements provenant des excédents d'actif des caisses d'assurances en vertu de l'article 45 ;

10° Par le versement annuel opéré par l'Etat, les départements et communes et représentant la moitié des économies réalisées par eux, du fait de l'application des assurances sociales, sur la moyenne des crédits inscrits pour faire face aux dépenses d'assistance pendant les cinq dernières années précédant celle où la présente loi entre en application. Les dépenses nouvelles que ces collectivités engageront pour l'assistance n'entreront pas en compte pour la fixation du montant desdites économies. Le règlement général d'administration publique déterminera les bases d'après lesquelles seront décomptées ces économies et les modalités de recouvrement de la contribution des départements et des communes et du montant de la part de l'Etat ;

11° Par les sommes à provenir de l'actif du fonds de réserve dont le transfert est prévu à l'article 46 ;

12° Par un prélèvement de 10 % sur les cotisations affectées aux assurances décès, invalidité, vieillesse des assurés facultatifs, en vertu des dispositions de l'article 41, paragraphe 1er ; pour les femmes d'assurés non salariées visées au paragraphe 4 de l'article 43, ce prélèvement sera fixé à 20 fr. par an ;

13° Par les ressources à provenir de l'application des dispositions prévues par l'article 23 pour la garantie contre le chômage et pour faire face à ses dépenses de fonctionnement, lesquelles doivent être complètement distinctes de celles afférentes à la garantie des autres risques ;

14° Par les affectations spéciales suivantes :

Sur la part de la redevance supplémentaire des bénéfices de la Banque de France, attribuée au Trésor, conformément à la loi du 19 décembre 1926 (art. 66, § 5), et sur la part attribuée à l'Etat sur le produit des jeux par application de l'article 14 de la loi de finances du 19 décembre 1926. Le montant de cette double affectation sera fixé annuellement par la loi de finances sans que le montant puisse dépasser 5 millions ;

15° Par les recettes diverses affectées audit fonds, notamment par les articles 33, 41 et 47 ;

16° Par les dons et legs qui peuvent être faits avec affectation audit fonds.

Art. 70. — Le fonds de garantie et de compensation est destiné à couvrir éventuellement les insuffisances annuelles de recettes des caisses d'assurances et à parer à leur insolvabilité. Il est alimenté : 1° par un versement de 2 % de toutes les cotisations reçues par les caisses d'assurances ; ce taux pourra être abaissé ultérieurement par décret et lorsque l'avoir dudit fonds atteindra la somme de 20 millions ; 2° par les versements prévus aux articles 32 et 33.

Art. 71. — 1. Le fonds de majoration et de solidarité et le fonds de garantie et de compensation sont gérés par la caisse générale de garantie créée par la présente loi et organisée dans les douze mois qui suivront la promulgation. Cette caisse relève du ministre du travail ; elle jouit de la personnalité civile et de l'autonomie financière et est représentée en justice par son directeur général nommé par décret rendu sur la proposition du ministre du travail.

2. Elle est administrée par un conseil composé de 18 membres, dont les deux tiers de représentants des conseils d'administration des caisses départementales et primaires, élus dans les conditions déterminées par le règlement général d'administration publique, l'autre tiers désigné à raison de deux membres par le conseil supérieur des assurances sociales, de deux membres par le ministre du travail et de deux membres par le ministre des finances. Ce même règlement fixera le fonctionnement administratif et financier de la caisse générale de garantie dont les frais seront prélevés sur le fonds de majoration et de solidarité et le fonds de garantie et de compensation.

3. Les dispositions des articles 29, 30, 31, relatifs au contrôle de l'Etat, à la gestion, ainsi qu'au placement des fonds, sont applicables à la caisse générale de garantie.

Art. 72. — Il est formé, auprès du ministre du travail et sous sa présidence, un conseil supérieur des assurances sociales, chargé de l'examen de toutes les questions se rattachant au fonctionnement de la présente loi. Il donne notamment son avis sur tous les projets et propositions de lois et de règlements relatifs aux assurances sociales.

Ce conseil est composé de :

2 sénateurs et 3 députés, élus par leurs collègues.

3 maires et 2 conseillers généraux désignés par le ministre de l'intérieur.

2 conseillers d'Etat, élus par le conseil d'Etat.

1 délégué du conseil supérieur de l'assistance publique désigné par le conseil.

2 délégués du conseil supérieur du travail, dont un élu par les conseillers patrons et un par les conseillers ouvriers.

2 délégués du conseil supérieur des sociétés de secours mutuels, élus par le conseil.

2 membres choisis par le conseil supérieur du commerce et de l'industrie, un parmi les patrons, un parmi les salariés.

2 membres désignés par le conseil supérieur de la coopération, un désigné par la section de consommation, un désigné par la section de production.

2 membres choisis par le conseil supérieur de l'agriculture, un parmi les patrons, un parmi les ouvriers ou employés d'exploitations agricoles.

1 délégué de la commission supérieure de la caisse nationale des retraites pour la vieillesse, désigné par cette commission.

2 représentants élus par les membres du conseil d'administration des caisses de réassurances mutuelles agricoles régies par la loi du 4 juillet 1900.

3 directeurs ou administrateurs des caisses départementales nommés par les membres des conseils d'administration de ces caisses.

3 directeurs ou administrateurs des caisses primaires nommés par les membres des conseils d'administration de ces caisses.

4 assurés élus par les membres des conseils d'administration des caisses départementales.

4 assurés élus par les membres des conseils d'administration des caisses primaires.

3 personnes connues pour leurs travaux sur les questions d'assurance ou de prévoyance sociales, de chômage, nommées par le ministre du travail.

4 délégués des groupements professionnels, dont 3 médecins et 1 pharmacien désignés par les unions nationales de leurs syndicats.

2 représentants élus par les membres des commissions paritaires des offices de placement, dont un assuré et un employeur.

4 directeurs ou administrateurs des offices élus par les membres des conseils d'administration de ces offices.

Ces membres sont nommés pour quatre ans.

Font partie de droit du conseil :

Le chef du service de l'inspection générale des finances.

Le directeur de la comptabilité publique.

Le directeur du budget et du contrôle financier.

Le directeur du mouvement général des fonds.

Le directeur général et les directeurs de l'office national des assurances sociales.

Le chef du service du contrôle général du ministère du travail.

Le directeur général de la caisse des dépôts et consignations.

Le directeur de la mutualité au ministère du travail.

Le directeur de l'assistance et de l'hygiène au ministère du travail.

Le directeur du travail au ministère du travail.

Le directeur des affaires départementales et communales au ministère de l'intérieur.

Le directeur général de la caisse générale de garantie.

Le directeur général de la caisse nationale du crédit agricole.

Il élit dans son sein une section permanente composée de :

1° Dix des membres élus au conseil supérieur des assurances sociales à titre de salariés, d'assurés, de représentants des caisses et des offices choisis par ceux-ci ;

2° Un sénateur, un député, un conseiller d'Etat, un employeur, un exploitant agricole, un représentant des sociétés de secours mutuels, un représentant des mutuelles agricoles régies par la loi du 4 juillet 1900, un représentant des caisses spéciales visées à l'article 24, un technicien des questions d'assurance, trois représentants des syndicats professionnels de praticiens dont deux médecins ;

3° Des membres de droit suivants :

Le directeur général et les directeurs de l'office national des assurances sociales.

Le chef du service du contrôle général du ministère du travail.

Le directeur général de la caisse des dépôts et consignations.

Le directeur du budget et du contrôle financier.

Le directeur de la mutualité au ministère du travail.

Le directeur général de la caisse générale de garantie.

Le directeur général de la caisse nationale du crédit agricole.

La section permanente constitue le conseil d'administration de l'office national des assurances sociales. Elle donne, en outre, son avis sur les questions qui lui sont renvoyées, soit par le conseil supérieur, soit par le ministre du travail. Elle se subdivise en quatre sous-sections : technique et financière, administrative et de garantie contre le chômage, juridique, médico-pharmaceutique. Cette dernière sous-section comprendra au moins deux médecins.

Le conseil élit ses deux vice-présidents.

Il se réunit au moins une fois par semestre.

Art. 73. — 1. Au cours du douzième mois qui suivra la promulgation de la présente loi, un règlement général d'administration publique, rendu sur la proposition du ministre du travail et des ministres intéressés, après consultation des organisations en cause, déterminera toutes les dispositions nécessaires à son application, laquelle entrera en vigueur dix mois après la publication de ce règlement au *Journal officiel.*

La présente loi ne sera applicable à l'Algérie et aux colonies que lorsque seront intervenus des règlements d'administration publique déterminant les conditions dans lesquelles son application pourra avoir lieu.

Art. 74. — Sont abrogées toutes les dispositions législatives contraires à la présente loi.

La présente loi, délibérée et adoptée par le Sénat et par la Chambre des députés, sera exécutée comme loi de l'Etat.

Fait à Paris, le 5 avril 1928.

GASTON DOUMERGUE.

Par le Président de la République :
Le Président du Conseil, Ministre des Finances
RAYMOND POINCARÉ.

Le Ministre du Travail, de l'Hygiène, de l'Assistance
et de la Prévoyance sociales,
ANDRÉ FALLIÈRES.

Le Garde des Sceaux, Ministre de la Justice,
LOUIS BARTHOU.

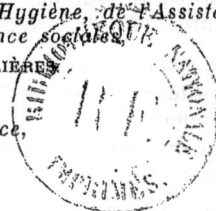

AGEN. — IMP MODERNE (ASSOCIATION COOP. OUV.).